Ayya Khema

Ein Leben in Liebe und Weisheit

Ayya Khema

Ein Leben in Liebe und Weisheit

Begegnung mit einer Mystikerin

Herausgegeben von
Ruth Amon-Weede und Volkmar Weede

JhanaVerlag

Jhana Verlag im Buddha-Haus:
www.jhanaverlag.de oder www.buddha-haus.de
Gerne sende wir unseren Katalog kostenlos zu.

Bibliografische Information der Deutschen Bibliothek
Die Deutsche Bibliothek verzeichnet diese Publikation in der Deutschen Nationalbibliografie;
detaillierte bibliografische Daten sind im Internet über http://dnb.ddb.de abrufbar

ISBN 978-3-931274-38-2

1. Auflage 2009
© der deutschsprachigen Ausgabe by Jhana Verlag, Uttenbühl 2009
Alle Rechte vorbehalten.

Titelfoto: Nomi Baumgartl
Covergestaltung: Jörg Hoffmann
Satz: Claudia Wildgruber
Druck: EOS Druck, St. Ottilien

Es gibt eine Vollkommenheit,
tief inmitten alles Unzulänglichen.

Es gibt eine Stille,
tief inmitten aller Rastlosigkeit.

Es gibt ein Ziel,
tief inmitten aller weltlichen Sorgen und Nöte.

(Worte des Buddha)

Einleitende Worte

Als die Idee zu diesem Buch entstand, ahnten wir – die wir der Ehrwürdigen Ayya Khema nie persönlich begegnet sind – noch nicht, welch großes Geschenk dieses Projekt für uns selbst bedeuten würde.

So ermöglichte uns der Ehrwürdige Bhante Nyanabodhi freien Zugang zu bisher unveröffentlichtem Bild- und Tonmaterial von Ayya Khema. Für das Vertrauen und die großzügige Unterstützung möchten wir uns an dieser Stelle von ganzem Herzen bedanken. Auch allen anderen Menschen, die ihre Fotos zur Verfügung stellten, sowie denen, die bei der Realisierung dieses Buches mitgeholfen haben, gilt unser Dank.

Die Auseinandersetzung mit der Fülle des vorhandenen Materials glich dem Heben eines unendlich kostbaren Schatzes.

Wann immer es uns möglich war, lauschten wir den Darlegungen dieser großen buddhistischen Lehrerin und waren ergriffen von ihrer Liebe, ihrer Klarheit und ihrem trockenen Humor, aber auch beeindruckt von der schonungslosen Radikalität, mit der sie uns die menschliche Natur und die Gesetze des Lebens aufzeigt. In einer Weise, die das Herz trifft, verstand es Ayya Khema, den Wert des menschlichen Lebens und die Dringlichkeit der spirituellen Praxis begreiflich zu machen sowie den Weg zum Glück zu erklären.

Einem inneren Empfinden folgend wählten wir Sätze, die uns berührten und verbanden sie mit den wunderbaren Bildern, die wir „unserer Schatztruhe" entnah-

men. Die Zitate stammen aus Vorträgen, die Ayya Khema zwischen 1979 und 1997 in Sri Lanka, Europa, den USA und Australien hielt, jenem Zeitraum, aus dem auch die Bilder dieses Buches sind.

Auf jedem der Fotos begegneten uns die außergewöhnliche Präsenz Ayya Khemas und die Schönheit ihrer inneren Kraft und Liebe.

Die Texte sind weitestgehend im Original belassen, um die unverwechselbare Ausdrucksweise Ayya Khemas möglichst unverfälscht wiederzugeben.

Möge das vorliegende Buch eine lebendige Erinnerung an Ayya Khema sein und das Herz vieler Menschen berühren.

In tiefer Dankbarkeit,
Ruth Amon-Weede und Volkmar Weede

Danksagung

Mystiker sind Menschen, die sowohl mit beiden Beinen auf der Erde stehen, als auch Zugang zu den höchsten und erhabensten Bewusstseinszuständen haben.

Ayya Khema darf wohl als eine der großen Mystikerinnen des 20. Jahrhunderts bezeichnet werden. Sie verband tatsächlich diese beiden, scheinbar widersprüchlichen Qualitäten, auf äußerst eindrückliche Weise.

In einem Augenblick noch mit der täglichen Büroarbeit beschäftigt, im nächsten das Öffnen und Verbinden mit tiefer Wahrheit und Weisheit. Aus diesem hingebungsvollen Öffnen für die tieferen Ebenen des Seins entstammen all die berührenden und beeindruckenden Aussprüche, die wir in diesem Buch finden. Sie hat öfter gesagt, sie weiß selbst nicht, wo das alles herkommt. Sie würde sich nur empfänglich machen, öffnen und diese innere Weisheit fließen lassen.

Wir können Ayya Khema für diese wunderbare Fähigkeit zutiefst dankbar sein. Große Dankbarkeit empfinde ich auch für Volkmar und Ruth, die diese Schätze geborgen haben und sie uns jetzt schenken.

Als ich selbst das grobe Material durchschaute, das sie vorbereitet hatten, wurde ich an vielen Stellen sehr tief berührt. Es wäre schön, wenn es vielen Menschen ebenso ginge, wenn sie die vorliegenden Bilder und Wort-Schätze auf sich wirken lassen. Es ist kein eigentliches Lese- oder Bilderbuch, sondern ein Berührt-werden-Buch.

Dass Liebe und Weisheit weit über den Tod hinaus wirken können und ein tiefes Erleben von Verbundenheit ermöglichen, selbst wenn man den Menschen nicht

persönlich kannte, zeigt dieses Buch und das große Engagement der beiden Herausgeber.

Ich wünsche mir von ganzem Herzen, dass viele Menschen sich für Ayya Khema öffnen und sich von ihr berühren lassen.

Bhante Nyanabodhi,
Metta Vihara im Frühling 2009

Auf dieser Reise nach innen sind wir der Reisende
und auch die Reise.
Es ist eine Reise, die unabhängig davon ist,
was wir sonst im Leben tun.

Die Beziehung zum spirituellen Pfad und zum spirituellen Leben
ist eine viel engere und nähere als die zu einem anderen Menschen,
denn sie betrifft uns selbst.

Dieser Pfad,
dieser ganze Weg,
der zur vollen Freiheit
führt, ist nichts
anderes als sich selbst
verschenken,
total verschenken.

Denn wenn das Ich
eines Tages nicht mehr
vorhanden sein soll,
dann muss es verschenkt
worden sein auf dem Weg
dorthin.

Ich bin verantwortlich für alles in meinem Leben –
eine Wahrheit, die mir unangenehm ist.

Die Welt, die ich von Minute zu Minute wähle, ist die Realität,
die ich erschaffe.

Meine Reaktionen, von denen ich glaube, dass sie von anderen
verursacht werden, wähle ich selbst und bringe sie ins Dasein.

Das Beschuldigen von anderen für alles, was falsch ist, zeigt mir,
was ich in mir so hasse.

Das innere Licht richtet nicht Fehler, es sieht nur Glück hinter der Angst.

Ich muss wählen, durch welche Augen ich schaue, die,
welche verurteilen, oder die, welche vergeben.

Die Ironie dieser doppelten Sicht ist, dass du und ich eins sind.

Beim Verurteilen von dir verurteile ich mich selbst,
beim Vergeben ist jede Schuld getilgt.

Wir brauchen Sinn in unserem Leben, sodass wir wissen,
warum wir hier sind, warum wir tun, was wir tun.

Die Erleuchtung, der Pfad zur Erleuchtung und das Ideal
der Erleuchtung können uns nie enttäuschen.

Wie wertvoll ist so ein Menschenleben, das wir haben?
Haben wir diesen Wert richtig erfasst, sodass wir dieses Wertobjekt
nicht in Watte packen wollen, sondern etwas damit anfangen,
damit wir die Welt vielleicht um eine winzige Kleinigkeit besser verlassen
als wir sie vorgefunden haben? Wäre das eventuell ein Lebenssinn?

Praktizieren bedeutet, dass wir eines Tages die Dinge so sehen, wie sie wirklich sind. Unseren Verfall, unsere Sterblichkeit, unser Altern erkennen und sie in uns aufnehmen. Und in dem Moment, wo wir das tun, kommt die Dringlichkeit hoch. Die Dringlichkeit, das Gute zu tun, die Dringlichkeit, sich selbst so zu entwickeln, dass die Problematik des Menschseins transzendiert wird.

Erst wenn man seinen eigenen Tod so akzeptiert hat,
dass er jeden Tag passieren könnte,
kann man wirklich frei und friedlich leben.

Wenn wir ihn einmal so in uns aufgenommen haben,
dass er im Prinzip schon passiert ist,
dann ist das Leben ganz einfach.

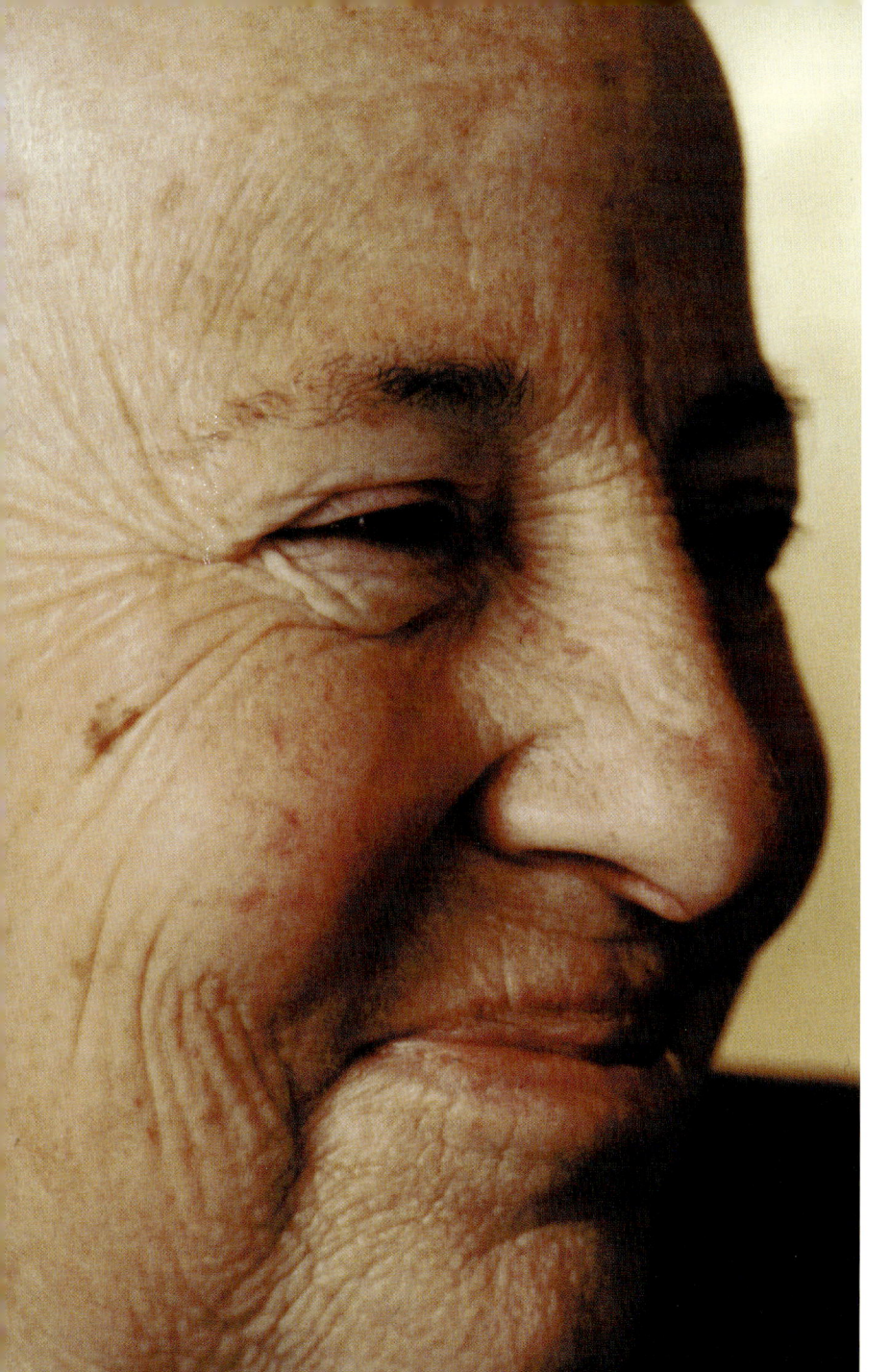

Der, der liebt,
kann den
Horizont bis ins
Unendliche
erweitern.

Es gibt nur einen einzigen Weg, das menschliche Leben zu meistern, und das ist, die eigenen Ansichten loszulassen, sich hinzustellen und hinzugeben und sich den Kräften, die aus dem Universum zu uns kommen, zu öffnen, mit denen wir auch eine Quelle von Glück und Freude für andere sein können.
Alles andere ist Unsinn.

Wir können nur das erleben, worauf wir den Geist lenken. Das müsste uns auch erklären, dass wir selbst die Welt erfinden. Es ist ein sehr interessantes Phänomen, dass jeder seine eigene Welt erfindet. Ständig, jeden Moment eine neue. Und sehr häufig ist diese Welt, die wir erfinden, nicht zufriedenstellend, weil unsere Erfindungsgabe nicht sehr erstklassig ist.

Das heißt nicht, dass wir jetzt eine Welt erfinden werden, in der alles wunderbar ist, sondern dass wir mit dem Erfinden aufhören. Das ist es, was der Buddha uns beibringen will: Diese ganze Erfindung einmal zu beenden und die Dinge, die wirklich sind, so zu sehen, wie sie wirklich sind.

Alles existiert in uns,
das Höchste und das Niedrigste.
Es kommt nur darauf an,
was wir wählen, womit wir
uns beschäftigen wollen.

Wenn wir wissen, dass wir Glück um uns verbreiten können,
in uns und um uns, statt Unglück, welche Wahl treffen wir?

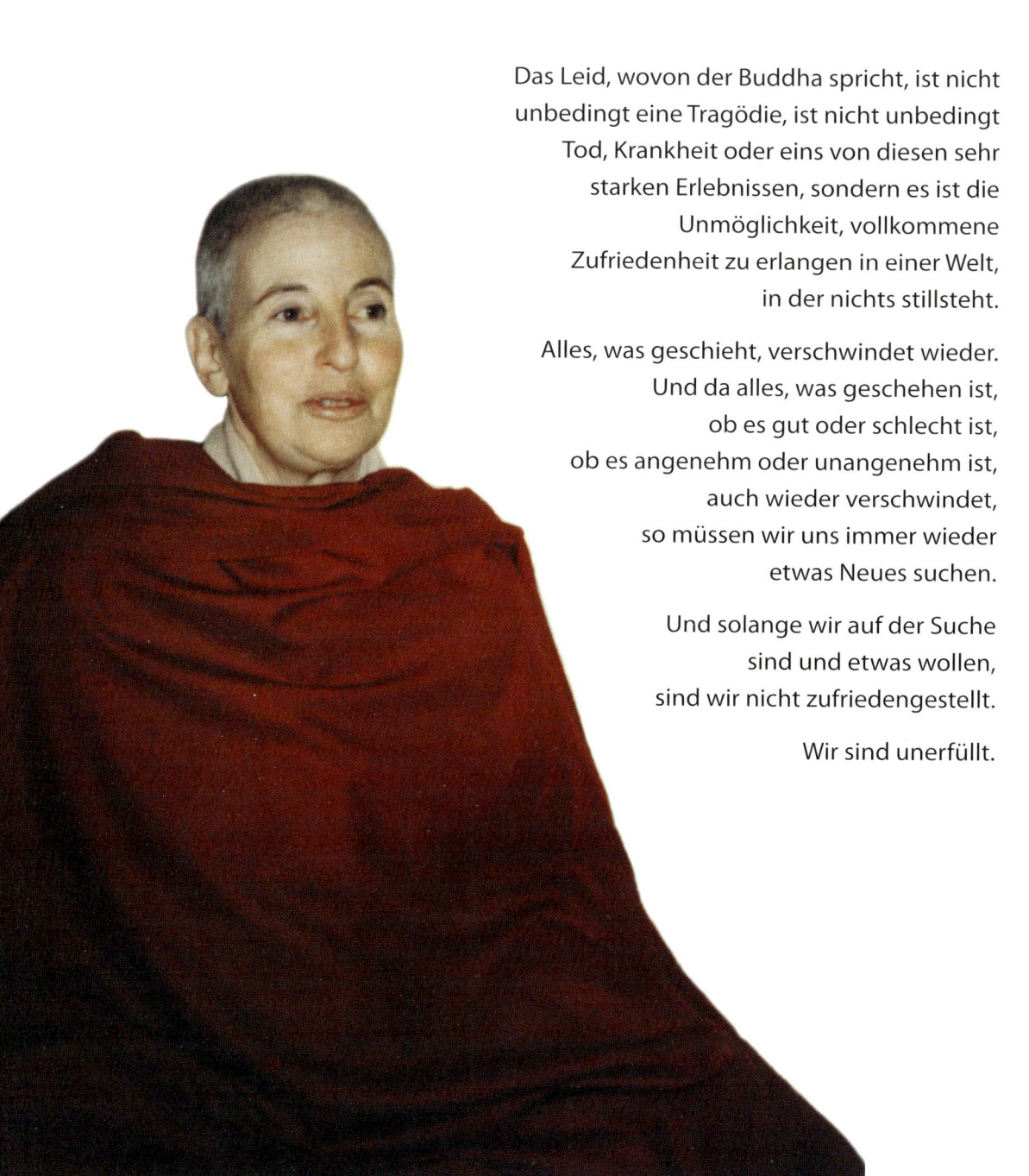

Das Leid, wovon der Buddha spricht, ist nicht unbedingt eine Tragödie, ist nicht unbedingt Tod, Krankheit oder eins von diesen sehr starken Erlebnissen, sondern es ist die Unmöglichkeit, vollkommene Zufriedenheit zu erlangen in einer Welt, in der nichts stillsteht.

Alles, was geschieht, verschwindet wieder. Und da alles, was geschehen ist, ob es gut oder schlecht ist, ob es angenehm oder unangenehm ist, auch wieder verschwindet, so müssen wir uns immer wieder etwas Neues suchen.

Und solange wir auf der Suche sind und etwas wollen, sind wir nicht zufriedengestellt.

Wir sind unerfüllt.

Ein Übender hat nur einen Wunsch und der ist:
die absolute Wahrheit zu erkennen.
Oder man kann es auch anders ausdrücken:
Ein wirklich Übender hat nur einen Wunsch –
wunschlos zu werden. Das ist der Hauptwunsch,
denn nur durch die Wunschlosigkeit geht alles Dukkha verloren.

Vollkommene Freiheit bedeutet,
dass uns das Ich nie mehr berühren kann.

Im Alltagsbewusstsein ist nichts anderes vorhanden als Dualität:
das Habenwollen und das Loswerdenwollen; das, was ich bin, und das,
was du bist; das, was gestern war, und das, was morgen sein wird;
das, was mir gefällt, und das, was mir nicht gefällt, –
und wie ich auf all das reagiere.

Die Möglichkeit, den Geist über den Alltag zu erheben, ist das,
was Religion und Spiritualität bedeuten.
Religionen sind nicht Dogmen und Rituale. Religion ist der in jedem
Menschen vorhandene Wunsch, einen Höhenflug zu unternehmen.

Genügt das, was wir tun, für ein menschliches Leben,
das einen Horizont meistern kann,
der in die Ewigkeit und in die Unendlichkeit geht?
Ewigkeit und Unendlichkeit sind möglich zu erleben,
aber dazu müssen wir loslassen.
Das loslassen, woran wir uns so fest anklammern:
nämlich das, was wir glauben.

Loslassen bedeutet sich nicht anklammern,
nicht festhalten wollen.
Es bedeutet niemals etwas Negatives,
es ist immer etwas Positives.

Nach der Erklärung des Buddha besteht der Geist aus vier Teilen, die immer in derselben Reihenfolge ablaufen. Diese gegebene Reihenfolge macht es unvermeidlich, dass Dukkha entsteht.

Wenn wir aus dieser Reihenfolge einmal aussteigen – absichtlich –, können wir uns unser Dukkha ersparen.

Aber die meisten Menschen auf der Welt kennen diese Reihenfolge überhaupt nicht und funktionieren immer weiter und wundern sich oder leiden oder beschimpfen irgendjemanden oder suchen sich jemanden aus, der daran schuld ist. In Wirklichkeit geschieht nichts weiter als ein Prozess – und wenn wir ihn nicht verändern, wird er immer wieder dieselben Resultate hervorbringen.

Erst wenn die Sinneskontakte erkannt und nicht mehr der Mittelpunkt unseres Suchens sind, sondern einfach so akzeptiert werden, wie sie sind, dankbar angenommen und nicht als selbstverständlich und uns zustehend angesehen werden, erst dann haben wir genügend Energie, Zeit und Verständnis freigesetzt, um den spirituellen Pfad als unsere Priorität zu beschreiten.

Freude, Schmerz, Trübsal, Kummer, Aufregungen, Hoffnungen,
Erinnerungen, Erledigungen, alles hängt vom Denken ab.
Wir können zwei Dinge tun: entweder mit dem Denken aufhören
oder es auf heilsame Art und Weise benutzen.
Beides ist höchst erfreulich, gelinde gesagt.

So lange wir uns abhängig machen von äußeren Dingen und Umständen, können wir nie erwarten, dass innere Ruhe eintritt. Die äußeren Dinge und Umstände sind nicht dazu geschaffen, uns Ruhe zu geben.
Das können wir nur selbst tun.

Das Fallenlassen der Reaktion ist unsere Möglichkeit der Freiheit.

Jeder, der meditiert, muss dahinterkommen, dass die Gedanken absolut nicht der Wahrheit entsprechen, sondern einfach Gedanken sind.
Der Wahrheit entsprechen Gedanken nur, wenn sie sich von einem inneren Erkennen aus auf Vergänglichkeit, Dukkha und Substanzlosigkeit beziehen.
Dann sind sie die absolute Wahrheit, alles andere sind persönliche Gedanken – und mit denen bereiten wir uns ein Unheil nach dem anderen.
Und nicht nur wir machen das, sondern die ganze Welt.

Wenn wir erkennen können, dass die Gefühle, die ganzen Sinneskontakte,
alles, was hier vor sich geht, überhaupt niemandem gehören,
sondern einfach kommen und gehen, weil die Lebenskraft da ist,
dann haben wir den Weg in die Freiheit erblickt.
Freiheit, die dann eine Unbeschwertheit ohne jegliche Bürde,
ohne jeglichen Stress, ohne jegliches Wollen und Werden ist.

Alles, was wir uns erdenken,
verschwindet wieder.

Gedanken erzeugen Dukkha, weil sie ständig in Bewegung sind.

Vielleicht ist es uns schon klar geworden, dass man der Einzige ist, der diesen Gedanken gerade jetzt hat. Vielleicht wäre es hilfreich, sich mal zu merken: Da ist kein anderer auf diesem ganzen Erdball, der diesen Gedanken zur gleichen Zeit und in der gleichen Form überhaupt nur annähernd haben kann.
Wieso glaub' ich dann, dass ausgerechnet meiner stimmt?
Woher kommt denn diese Idee?

Die Idee kommt daher, weil es „meiner" ist. I C H.

Da das Ich eine Illusion ist,
braucht es ständige
Unterstützung.
Und das ist die ganze
Problematik, der wir
ausgesetzt sind:
Wir müssen ständig etwas
unterstützen oder wollen
etwas unterstützt haben,
was es überhaupt nicht gibt.

Dieser Geist, den wir haben,
ist nichts Solides,
Kompaktes, Stetiges.
Er ist nichts anderes als eine
Anhäufung momentaner
Geistesblitze.

Es ist hochinteressant zu wissen, dass der Geist das,
was wir von ihm wollen, einfach nicht tut.
Warum? Weil wir ihn nicht geschult haben.
Weiter gar nichts. Aber jeder kann es lernen.

Ist es nicht absurd, dass wir so oft dorthin gehen,
wo wir gar nicht hinwollen?

Wir müssen nur wissen, dass alles, was uns entgegenkommt –
das Angenehme wie das Unangenehme –
zum Lernen über uns selbst und zum Verbessern unserer Reaktionen da ist,
um die Reinheit des Herzens und die Reinheit des Geistes hervorzubringen.

Wenn wir die Wahrheit in uns
erkennen, dann lassen wir
vieles in uns fallen:
was wir haben wollen,
was wir werden wollen,
was wir bekommen wollen,
was wir festmachen wollen,
was wir solide machen wollen.

Die drei Merkmale des Daseins *Anicca, Dukkha, Anatta*: Vergänglichkeit,
Unerfülltheit oder Mangelerscheinung und Substanzlosigkeit –
das sind die absoluten Wahrheiten.
Und wenn wir die in uns so empfinden, dass sie ein Teil unserer selbst sind,
dann verlieren wir die Anhänglichkeit und das Anhaften an dem,
was uns angeblich unterstützen soll – und es doch niemals kann.

Der Geist hat voreingenommene Ansichten,
mit denen er selbst die einfachsten Wahrheiten ablehnen kann.

Wenn wir erkennen,
dass jede Bewegung vergänglich ist
und Leben überhaupt nur in dieser Vergänglichkeit möglich ist,
dann können wir Einsicht bekommen.
Jede Bewegung, die wir je gemacht haben,
die wir jetzt machen oder machen werden,
muss vergänglich sein.

Erkennen bedeutet, dass es uns ins Herz getroffen hat.

Nichts im Weltall bleibt so, wie es ist.
Alles bewegt sich, alles dreht sich. Wir mit.

Was haben wir wirklich?
Wir haben eine Millisekunde des Lebens.

Was bedeutet Vergänglichkeit? Dass alle, die schon gelebt haben,
tot sind, bis auf die paar, die jetzt noch hier auf der Erde rumlaufen,
zu denen wir gehören. Das ist das Erste, was Vergänglichkeit bedeutet.
Das Zweite ist, dass wir keine Ahnung haben, wie lange wir noch hier sein
werden. Es kann jede Sekunde zu Ende sein.

Jedem ist ganz klar, von vornherein, dass er sterben wird.
Je mehr wir uns darüber ärgern, es vergessen wollen, es ablehnen,
desto schwieriger ist unser Leben.

Wenn der Geist nicht mehr vergisst, dass wir täglich
und stündlich und minütlich verfallen und dem Grab
entgegengehen, dann wissen wir, dass wir hier in
diesem Leben eine Gastvorstellung geben, und als Gast
sollte man versuchen, so wenig Unheil wie möglich
anzurichten und so hilfreich wie möglich zu sein.
Auch braucht man als Gast nicht alles ganz so schwer
zu nehmen wie wenn man glaubt, man wäre der
Hausherr oder die Hausfrau.

Jeder Baum, jeder Strauch kommt zum Leben und stirbt. Jedes Blatt wird grün und dann wieder braun. Ist das positiv oder negativ? Es sind einfach die Naturgesetze, denen wir untertan sind. Und die müssen wir einmal so tief verstehen, dass wir sie nicht nur voll akzeptieren, sondern mit ihnen als unsere ständigen Begleiter leben. Geburt ist weder positiv noch negativ und Tod ist weder positiv noch negativ.
Sie sind einfach. So geht der Wandel des Lebens vor sich.
So ist die Existenz von allem, was es im Universum gibt. Genauso ist es mit Verfall und Krankheit. All das sind Naturgesetze, denen dieser Körper ausgesetzt ist.

In Wirklichkeit bestehen wir alle aus denselben
Bestandteilen in Körper und Geist.
Es gibt überhaupt keinen Unterschied zwischen uns.
Wir alle haben die heilsamen und die unheilsamen Wurzeln.
Es handelt sich einzig und allein darum,
die unheilsamen Wurzeln aufzulösen,
und die heilsamen zu entfalten.

Je mehr Reinheit in uns ist, desto mehr Reinheit strahlen wir aus,
desto sauberer ist unsere Umwelt,
desto mehr Reinheit existiert in der Welt.
Jeder, der sich damit beschäftigt, weiß, dass das, was wir im
Bewusstsein tragen, in das universelle Bewusstsein eingeht und
daher jedem zugänglich ist.

Man kann das spirituelle Leben genauso in einem Familienhaus
oder in einer Wohnung führen, wenn man weiß wie.
Es ist nicht der Ort, an dem man lebt –
obwohl er natürlich hilfreich sein kann.
Spirituelles Leben bedeutet die Art und Weise,
wie man mit sich selbst umgeht.

Wenn das, was mir wichtig ist, abhängig ist von Menschen und Situationen, dann weiß ich sofort: Ich gehe nicht der Freiheit entgegen.

Und selbst wenn ich sagen würde, das A n d e r e ist mir wichtiger, aber nicht danach lebe, gehe ich nicht der Freiheit entgegen.

Es kommt nur darauf an, wie wir mit dem, was wir verstehen, umgehen.

Nur so kann man das Leben erleben:
Wenn das, was man gerade in diesem Moment macht,
das einzig Wichtige ist und man sich nicht von anderen Dingen beeinflussen
oder ablenken lässt.
Wenn wir das erleben, was j e t z t ist,
dann ist jeder Moment unser ganzes Leben.

Wir glauben, solange wir denken, haben wir Kontrolle. Aber es erscheint nur so.

In Wirklichkeit hat nur der Mensch Kontrolle über sich und seine Situation, der das denken kann, was er will.
Solange wir unseren Gedanken ausgesetzt sind und dann auch noch auf sie reagieren, werden wir immer wieder unglücklich.

Ein Mensch, der Kontrolle über seinen eigenen Geist hat, wird nicht mehr unglücklich. Alle anderen Menschen haben überhaupt keine Kontrolle.

In dem Moment,
wo wir achtsam sind,
auf das, was ist, ist alles,
was gewesen ist oder was
einmal sein kann,
verschwunden.
Es ist so, wie es ist.

Sich um die Zukunft Sorgen zu machen, ist ein heller Wahnsinn, weil die Zukunft sowieso nicht existiert, denn wenn sie eintritt, dann ist es die Gegenwart.

Und derjenige, der sich Sorgen um die Zukunft macht, ist nicht derjenige, der die Zukunft erleben wird. Er ist ein ganz anderer.

Da er ein ganz anderer ist, der die Zukunft erleben wird, wenn sie die Gegenwart wird, so sind die Sorgen, die sich der andere gemacht hat, vollkommen unangebracht, weil der, der sie dann erleben wird, sich wieder ganz andere Sorgen macht. Also ein interessanter Teufelskreis, aus dem man ohne weiteres aussteigen kann.

Die Selbstvergessenheit ist unsere größte Chance zum Glücklichsein.

Kann ich mir vorstellen,
dass das Glück mich nicht verlässt,
auch wenn mich alles andere verlässt?

Gibt es eine Beziehung, eine Tätigkeit,
eine Situation, die ständig himmlisch bleibt?

Ab dem Moment der Geburt gehen wir dem Tod entgegen, es ist gar nicht anders möglich. Und das ist keine Tragödie, das ist kein Unglück, das heißt Menschsein. Dieses Menschsein kann daher auf einer Ebene gelebt werden, auf der wir uns nicht mehr mit den Unwichtigkeiten und Kleinigkeiten des täglichen Lebens beschäftigen, sondern das, was wir tun müssen, natürlich tun, aber die Erleuchtung als oberstes und wichtigstes Ideal in uns erkennen.

Um diesen spirituellen Pfad wirklich zu gehen, muss man unabhängig werden von dem, was die Umwelt um einen herum macht.

Dieser eine Moment
ist die Welt. Ob wir
diesen einen
Moment noch viele
Jahre haben oder
ob wir diesen einen
Moment nur jetzt,
diesen einen
Moment haben,
ist ganz gleichgültig.
Das ist das Leben:
dieser eine Moment.

Alles liegt in unserem
Bewusstsein. Und es ist
im Prinzip unsere eigene
Wahl. Solange wir noch
keine Wahl treffen,
sind wir ohne jegliche
Kontrolle. Und solange die
Wahl, die wir treffen,
damit zu tun hat,
was wir gern hätten,
fantasieren wir.

Wenn aber die Wahl
getroffen wird mit dem,
wie es wirklich ist,
dann sind wir auf dem
spirituellen Pfad.
So wie es wirklich ist.

Wir haben als Mensch ein unendliches Potenzial, unendliche
Möglichkeiten. Im Allgemeinen kennen wir kaum etwas davon.
Wir begrenzen unseren Horizont mit den paar Menschen,
mit denen wir zu tun haben, wir begrenzen unseren Horizont mit
unseren eigenen Körperbegrenzungen: Das bin ich, alles andere
ist außerhalb von mir und dem stehe ich gegenüber.
So fühle ich mich natürlich gefährdet.

Die Elemente machen es auf eine ziemlich leichte Art und Weise möglich,
uns nicht nur einzubetten in die Natur um uns herum, sondern auch ein
Gefühl des Miteinander zu bekommen.
Und wenn wir dieses Gefühl des Miteinander bekommen,
fällt es uns viel leichter, die Liebe im Herzen zu erwecken.
Denn das Nichtlieben basiert ja immer darauf,
dass wir uns getrennt fühlen.

In dem Moment, wo wir unser
eigenes Dukkha erkannt haben,
wird uns klar, dass jeder, aber
auch j e d e r es auch hat. Und
dass die einzige Möglichkeit der
zwischenmenschlichen Beziehung,
die funktionieren kann, eine bedin-
gungslose Liebe ist, ein Gefühl der
Herzenswärme, der Hilfsbereitschaft,
des Umarmens, des sich Gebens,
weil es überhaupt keine andere zwischenmenschliche Beziehung gibt,
die funktioniert. Und zwischenmenschlich bedeutet:
a l l e, nicht die zwei oder drei, die ich mir ausgesucht habe.

Wenn wir einmal gemerkt haben – g e s p ü r t haben,
nicht gewusst haben –, dass wir total durchlässig sind,
dass hier absolut nichts Eigenständiges, Kompaktes zu finden ist,
dann brauchen wir an nichts mehr anzuklammern.

Wir hören nicht da auf, wo unser Körper zu Ende ist.
Wir hören auch nicht da auf, bis wohin sich unser Geist
bewegen kann. Wir haben Interaktion miteinander. Es gibt keine
Beobachter, nur Teilnehmer. Wir nehmen alle an allem teil.
Wir müssen anfangen, die Grenzen aufzulösen.

Liebe um der Liebe willen, weil das die einzige Möglichkeit ist, wie wir in Harmonie und Frieden miteinander leben können. Es gibt keine andere Möglichkeit. Liebe um der Liebe willen bedeutet auch, dass die Liebe aus uns herausfließt, sodass sie in unserer Umwelt vorhanden ist.

Sie ist nicht für m i c h, sie ist für a n d e r e.

Und das Wichtigste ist dabei:

Man liebt nicht, weil die Menschheit so liebenswert ist;

man liebt nicht, weil ein anderer einen liebt;

man liebt nicht, weil das irgendwelche Vorteile bringt;

sondern nur aus dem einzigen Grund:

um das Herz zu läutern und um einmal nicht nur denken, sondern auch fühlen und erleben zu können.

Je mehr wir spüren, dass wir miteinander sind
und nicht nebeneinander, desto leichter ist das Leben.

Die zwischenmenschlichen Beziehungen, für die wir uns ein,
zwei, drei oder vielleicht vier Menschen aussuchen, aus einer
Menschheitsfamilie von sechs oder noch mehr Milliarden, sind absurd.
Es ist eine derartige Begrenzung unserer Herzensfähigkeit,
sodass wir nie das Potenzial unseres Herzens kennen lernen.
Der Schatz, der in unserem Herzen vorhanden ist, die Liebesfähigkeit,
bleibt uns so immer ganz fremd.

Wir sind Teilnehmer und nicht Beobachter.
Wir glauben immer zu beobachten, aber das,
was wir beobachten, ist bereits ein Teil von uns.
Wir können es überhaupt nur beobachten,
weil es ein Teil von uns ist.

Die Sprache des Herzens ist wahrheitsgetreu.
Das Herz kann nicht lügen, das macht immer der Geist.

Das Herz hat nur eine einzige Funktion, und das ist lieben.

Jeder hat die Fähigkeit zu lieben. Wenn wir diese Liebesfähigkeit dem spirituellen Ideal entgegenbringen, dann wissen wir von vornherein: Das kann uns nie enttäuschen. Das kann nie weglaufen. Das kann nie einen anderen suchen. Das ist mein Innenleben. Dort die Liebe hinzuwenden, ist sozusagen das V e r n ü n f t i g s t e, was wir tun können.

Diese Sicherheit,
dass wir mit Liebe
reagieren können,
ist ein ganz
großes Glück.

Eines Tages müssen wir Geist und Herz zusammenbringen.
Eines Tages müssen sie vollkommen in Balance arbeiten und nicht immer
gegeneinander. Und in dieser Balance haben wir durch das Herz das
Erleben und durch den Geist das Erkennen – das bedeutet nicht Denken,
sondern das Erkennen des Erlebens. Dann kommt Weisheit.
Weisheit ist erkanntes Erleben.

Können wir erkennen, dass in jedem Menschen das gleiche wertvolle Juwel zu finden ist und wir uns daher nie separat zu fühlen brauchen?

Und können wir uns vorstellen, dass dieses unschätzbar schöne und wertvolle Juwel eins ist im Universum und nicht jedem separat gehört – wir nur Zugang haben – und dadurch Verantwortung übernehmen für die Reinheit und Klarheit dieses Juwels?

Die einzige Hoffnung,
dass die Menschheit
auf diesem Erdball
bestehen bleibt,
ist die, dass wir
anfangen, uns
gegenseitig zu lieben.

Das Universum hat alles und gibt es gerne her, solange wir uns nicht
in einer Art darum bemühen, die eventuell sogar andere schädigt.
Das Universum ist vollkommen bereit, der Menschheit, die dazugehört,
alles zu liefern, was nötig ist, aber nicht in der Art und Weise,
wie wir das anpacken; nämlich indem wir glauben:
„Ich bin wichtiger als Du."

Wir können gerne sagen, dass wir alle eins sind –
aber wer spürt denn das?

Das wirkliche Miteinander kommt erst,
wenn wir erkennen:
Wir sind alle aufeinander angewiesen.

Durch die Meditation wird es leichter,
dieses Gefühl der Zusammengehörigkeit zu bekommen.

Alles, was wir im Inneren sind, manifestieren wir.
Es sind sozusagen die Vibrationen, die von einem Menschen
ausgehen und die ganz deutlich sind. Es sind nicht die Worte,
es ist das, was hinter den Worten steckt.

Liebe ist das freie Gefühl eines freien Herzens: unbegrenzt, nicht anhaftend, sich nirgends festhaltend, sondern immer nur gebend.

Das ist allerdings nur ohne Ego möglich.

Wenn die Sonne aufgeht, dann wärmt sie.
Und wenn sie untergeht, ist es kalt.
Und genau so ist es mit den Herzen der Menschen.

Ein Kind schaltet ab, wenn es nur die Sprache der Vernunft hört.

Unsere Unterhaltungen sind meist von Kopf zu Kopf –
höchst uninteressant und meistens vollkommen unverständlich.
Wenn die Unterhaltung von Herz zu Herz ist, ist alles zu verstehen.

... sich selbst zu lieben, bedeutet,
ein warmes Gefühl der Geborgenheit
für sich selbst im Inneren zu schaffen,
indem man wohl seine Schwierigkeiten
und Fehler erkennt, aber sie nicht tadelt,
sondern genau weiß, dass man das
Gegenteil lernen kann.

... sich selbst zu lieben, bedeutet,
sein eigener bester Freund zu sein,
der darauf achtet, dass man
das Gute denkt, sagt und tut, dass
man übt und praktiziert, dass man
die Selbstdisziplin nicht verliert, dass man ständig darauf aus ist,
das Liebesgefühl im Herzen zu entwickeln, aber nicht sucht geliebt zu werden.
Das ist eine persönliche Liebesbeziehung zu sich selbst.

Liebe ist unteilbar.
Entweder das Herz
empfindet sie oder nicht.
Wirkliche Liebe kann man nur
empfinden, wenn man sich
selbst liebt.

Wenn man jemanden lieben kann,
wirklich lieben kann,
der einem der persönlichen
Ansicht nach etwas Kummer
oder Schmerz zugefügt hat,
dann hat man einen großen
Schritt getan. Darum geht es.

Das Liebesgefühl muss klar und deutlich im Herzen zu spüren sein:
Es ist Wärme, ein Sich-Hinneigen, das Beste für den Menschen wünschen,
hilfreich sein wollen, eine emotionale Umarmung dieses Menschen als
ein Partner in diesem Leben. Wir sind alle Partner, wir haben alle eine
Interaktion miteinander.
Wir atmen alle dieselbe Luft, wir bestehen aus den gleichen Teilen,
wir haben alle denselben Wunsch.

Wir müssen irgendetwas
in unseren Herzen tragen,
warum nicht nur das Gute?

Wenn wir erst einmal bedenken wollen,
wen wir lieben oder was wir lieben oder wie wir lieben,
dann geschieht es schon nicht mehr.
Wir haben ganz bestimmte Ideen, wer oder was liebenswert ist.

Reines Glück und
reine Liebe dürfen
keine Angst des
Verlustes in sich tragen.

Wenn man genug liebt,
braucht man niemanden,
der einen liebt.
Das Herz ist gefüllt, ist total voll,
es braucht nichts, was von außen dazukommt.

Erkennen wir unsere Verantwortung der Umwelt gegenüber,
Freude in die Welt zu setzen?

Unsere Wünsche, unsere Enttäuschungen,
unsere Ärgernisse sind verschwunden,
sobald und solange wir das Herz
mit Herzenswärme und Fürsorge füllen.

Je weniger man hat und je weniger man haben will,
desto weniger *Dukkha* hat man.

Jeder ist sterblich, jeder hat Dukkha,
jeder sucht das Gegenteil von Dukkha.
Das genügt vollkommen,
um mit jedem Mitgefühl zu haben.

Wenn wir Mitgefühl haben für andere, dann vergessen wir
uns selbst. Wenn wir uns selbst vergessen,
können wir unmöglich ein Problem haben.
An andere zu denken ist der direkteste und einfachste Weg,
die eigenen Probleme loszuwerden. In dem Moment,
wo man an sich selbst denkt, gibt es unzählige Möglichkeiten,
alte Probleme wieder hervorzuholen und neue zu erschaffen.

Mitgefühl ist eine Emotion, die immer angebracht ist.

Dankbarkeit auszusprechen ist einer der wichtigsten Punkte,
um anderen Menschen zu zeigen, dass man froh ist, dass sie da sind.
Es ist ein Gegenmittel gegen dieses Sich-allein-Fühlen, Sich-abgesondert-Fühlen,
Sich-vollkommen-separat-Fühlen, obwohl man inmitten vieler Menschen lebt.
Wir können nicht darauf warten, dass andere dies tun, wenn w i r diejenigen sind,
die den spirituellen Pfad praktizieren.

Das ist unser Privileg und nicht nur unsere Verpflichtung, so zu sein.
Wir haben diesen Vorteil zu wissen, was gut ist für uns und für andere,
und so haben wir diese privilegierte Situation, in der wir diejenigen sein können,
die Liebe und Mitgefühl aus ihrem Herzen mit anderen teilen.

Wenn wir uns immer wieder daran erinnern,
dass der Tod gewiss ist, aber das Leben nicht,
dann werden wir in uns auch Dankbarkeit und Freude
empfinden für jeden Tag, der uns beschieden ist.

Es gibt nichts, worauf wir warten müssen.
J e t z t gleich ist der einzige Moment,
den wir haben. J e t z t gleich das Herz
öffnen und andere lieben,
wer immer sie auch
sein mögen.

Wir lernen, selbst wenn wir nur e i n e n Atemzug betrachten,
in d i e s e r Sekunde im Hier und Jetzt zu sein. Eine wunderbare Erleichterung,
wenn man es im täglichen Leben durchführt:
Nichts ist bedrohlich, weil es entweder vorbei oder noch nicht gekommen ist.
Die Gegenwart i s t einfach.

Mitfreuen mit anderen bringt ein Gefühl der Unbeschwertheit
in das Innenleben. Es ist das schönste und beste Gefühl, das man in sich
tragen kann. Es hängt zusammen mit Nichtanhaften, mit Loslassen,
es hängt damit zusammen, dass man sich als ein Teil des Ganzen fühlt,
und dass andere genauso wichtig sind wie man selbst.

Wenn man das erreicht, dann ist die Mitfreude selbstverständlich.

Wir sind im Prinzip genau das, was wir sein wollen. Wir wissen es nur nicht. Und sollten wir an dieser Wahrheit interessiert sein, dann gibt es nur eine einzige Sache und das ist: L o s l a s s e n.

Es gibt kein Problem. Es ist alles so, wie die Natur es in ihrer schöpferischen Kraft manifestiert. Wir gehören dazu.

Die Gegenwart ist nur dieser eine Mensch, der vor uns steht. Und dieser
eine Mensch, der vor uns steht, ist in dem Moment der einzig wichtige.
Wenn wir uns daran immer wieder erinnern können, so sind unsere
Beziehungen zu anderen Menschen ohne jegliche Schwierigkeiten.

Je weniger wichtig wir uns
vorkommen, desto leichter
ist es eines Tages,
das Ich aufzugeben.

Auf der Ebene der relativen Wahrheit,
auf der wir uns jetzt befinden,
müssen wir erkennen, dass das,
was wir in uns und um uns herum
erleben, nur ein winzig kleiner Teil von
dem ist, was existiert.
So winzig, dass es sich kaum lohnt,
deswegen gelebt zu haben.
Was sich lohnt, ist, gelebt zu haben,
um diesen kleinen Teil zu vergrößern.

Es kommt darauf an,
den Lebenssinn zu erkennen und
dadurch die Lässigkeit und Trägheit
des Geistes loszulassen und sich mit
der ganzen inneren Kraft und
Energie darauf zu konzentrieren,
was es bedeutet, die mystischen
Zusammenhänge der Einheit,
des Vollkommenseins in sich selbst
zu erleben.

Jeder, der Frieden in sich geschaffen hat, trägt zum Frieden in der Welt bei.
Ein Mensch, der Frieden in sich geschaffen hat, ist ein Friedensbringer.
Dieser Frieden, den wir in uns schaffen und der sich auf unsere Umwelt ausweitet,
ist unsere Verantwortung für unsere Familie der Menschheit,
für unsere Umwelt.

Wenn der innere Friede fehlt, gibt es keinen äußeren Frieden.

Irgendwann muss man das „Ich weiß" mal beiseite schieben.

Wenn man wirklich Bescheid wüsste, würde man wissen,
wie das ganze Universum funktioniert.
Wenn man wirklich Bescheid wüsste, würde man
das Gotteserlebnis ohne jegliche Pause in sich tragen.
Alles andere ist Nicht-Bescheid-Wissen. Es ist ein Akt
der Demut, zuzugeben, dass man nicht Bescheid weiß.

Demut braucht Mut, wie das Wort schon sagt.

Der Mut in Demut ist, sich selbst nicht als wichtiger oder unwichtiger als andere zu empfinden, sondern sich in allem Geschehen eingebettet zu fühlen in die gesamte Existenz, eingebettet in die ganze Schöpfung und nichts Besonderes, nichts extra, nichts Spezielles zu sein – nicht mehr, aber auch nicht weniger.

Mut, sich selbst zuzugestehen, dass man ein winziges Sandkorn im Weltgeschehen ist – das aber die höchsten Ideale verwirklichen kann, sobald die Ichbezogenheit losgelassen ist.

Um heil zu werden, müssen wir heilsam sein.

Nur in diesem einen Moment des Lebens, der so schnell vorbeigeht, kann ich Liebe und Frieden in mir entwickeln.

Und wie kann ich sie in mir entwickeln?

Nur dadurch, dass das meine Priorität ist!

Alles, was in uns vorgeht, geht absichtlich vor,
auch wenn wir es nicht wissen.
Es gibt viel mehr im Universum,
was wir nicht wissen, als das, was wir wissen.

Wenn wir einmal anfangen, mit dem Herzen zu hören und zu sprechen,
dann brauchen wir nicht zu beurteilen und zu verurteilen.
Es ist einfach nicht nötig, denn unser Herz hat nicht dieses
analytisch-logische Wissen, das unser Geist hat.

Bedingungslos bedeutet,
dass wir keine Urteile fällen.

Es ist viel besser, im Leben einmal
ein Urteil zu versäumen
als eins zu viel abzugeben.

Wenn der Geist zur Ruhe gekommen
und kristallklar geworden ist,
reflektiert er die Wirklichkeit.
Und wenn er das tut, dann haben wir eine
Bewusstseinsebene erreicht,
auf der uns der Alltag nichts mehr anhaben kann.
Er bleibt derselbe, aber er tut uns nicht mehr weh.

Die Hingabe und die Liebe,
mit denen man arbeitet,
bringen die Arbeit auf eine spirituelle Basis.

Obwohl wir natürlich unseren Geschäften
und Verpflichtungen nachgehen müssen,
so müssen wir dabei im Auge behalten,
wie unwichtig das alles ist.
Und erst wenn wir uns mit unserem eigenen Tod
einmal wirklich beschäftigt haben
und ihn als eine momentane Möglichkeit erkannt haben,
wird uns klar, was wirklich wichtig ist.

Es gibt keine persönlichen Probleme.
Sie sind alle universell, alle aufgebaut auf denselben Grundlagen:
der *Ichbestätigung* und dem *Daseinstrieb*.

Es ist ein Grund zur Freude,
wenn man sich selbst erkennt,
denn nur dann kann man sich ändern.
Solange man sich nicht ändern kann,
bleibt alles beim Alten.

Diese durchgreifende Ehrlichkeit
sich selbst gegenüber ist weder Kritik noch Tadel,
sondern ein Erkennen der Menschlichkeit in sich.

Wenn man niemand ist und nichts zu erreichen hat im Leben,
kann einem auch nichts Stress bereiten.

Was immer wir
heute als ein Problem
ansehen,
bedeutet nicht,
dass es auch morgen
ein Problem sein wird.

Wir brauchen das Vertrauen, dass die Vergangenheit vorbei ist,
dass die Zukunft ganz anders ist, als wir sie uns vorstellen,
aber dass die Gegenwart uns offen steht.
Wenn wir in der Gegenwart nichts unternehmen, verlieren wir sie.

Wir erleben alle tagtäglich, Minute für Minute, die absolute Wahrheit.
Aber wir erkennen sie nicht.
Wir sind ständig dabei, sie zu erleben.

Es ist nichts zu erreichen in dieser Welt,
es fällt alles auseinander.

Ich kann nur so lange ein Mensch sein, solange alles in mir fließt.
Und solange alles in mir fließt, kann ich nichts davon behalten.

Das Einzige, was bedeutsam ist,
ist, die Liebesfähigkeit des Herzens so zu entwickeln,
dass es nichts anderes mehr empfinden kann.

Es gibt nichts abzulehnen: Die Welt ist so, wie sie ist,
war schon immer so – in Bezug auf die Emotionen,
nicht die technische Entwicklung betreffend – und wird immer so sein.

Gleichmut ist die Emotion,
die unser Leben versüßt,
denn sie beschützt uns
vor Hass und Gier.

Erst wer sein Leben
verliert, hat ewiges
Leben.
Das bedeutet nicht,
dass man sterben muss.

Wenn wir uns nicht anklammern, sondern mit dem Fluss der Zeit und
dem Fluss der Dinge mitfließen, dann leben wir in dieser einen Sekunde.
Und wenn wir in dieser einen Sekunde leben,
dann haben wir das Erlebnis der Ewigkeit.

Die Gefangenschaft in der wir uns befinden,
besteht nicht darin, dass der Geist in einem Körper
eingeschlossen ist, sondern darin, dass wir den Geist
nicht so benutzen, wie es sein sollte,
nämlich indem wir ihm die Möglichkeit geben,
vollkommen klar, rein, strahlend, leuchtend,
das Schönste vom Schönen zu sein,
was es überhaupt im Universum gibt.
Sodass wir auch eines Tages erkennen können,
dass er nicht unser eigener ist.

Solange wir noch glauben, dass alle diese Dinge
unsere eigenen sind, die Menschen,
die Situationen und was immer es sei,
solange haben wir immer Angst vor Verlust.

Wir brauchen das Entzücken nicht zu suchen,
wir müssen nur alles andere loslassen.

Wenn wir meditieren wollen,
müssen wir unsere Gedanken fallenlassen;
wenn wir Gleichmut haben wollen,
müssen wir unsere Reaktionen fallenlassen;
wenn wir Erkenntnis haben wollen,
eine Erkenntnis, die in die Tiefe geht,
müssen wir unsere Meinungen fallenlassen;
wenn wir wirklichen Frieden haben wollen,
müssen wir unser Anhaften fallenlassen.

Leben ohne zu meditieren ist eine Garantie dafür,
dass der Geist keine Kraft hat;
eine Garantie dafür,
dass wir mit unserem Dukkha nicht fertig werden;
eine Garantie dafür,
dass wir ärgerlich, aggressiv, unglücklich und ablehnend werden;
eine absolute Garantie –
weil der Geist nicht die Kraft hat,
sich diesen inneren Zuständen entgegenzusetzen.

Achtsam sein heißt,
ganz im Augenblick zu sein,
ohne Raum für irgendetwas anderes zu lassen.
Wir sind vom momentanen Geschehen erfüllt,
ob wir gehen, stehen, sitzen oder liegen,
ob es bequem oder unbequem ist,
ob wir uns wohl oder unwohl fühlen.
Wie immer es auch sein mag,
es ist eine nicht-urteilende Bewusstheit,
nur erkennen, ohne Wertung.

Die Vollkommenheit ist total, ohne jegliches Anhaften,
jegliche Erwartung, jegliche Erinnerung.
Sie ist nur jetzt, in diesem Moment.

Das Einssein mit Gott kann man überhaupt erst
dann erleben, wenn man sich selbst nicht mehr,
in keiner Art und Weise,
mit irgendetwas identifiziert;
auch nicht mit Liebe.

Es gibt keine Wahl:
Loslassen ist das Einzige,
was wir machen können.

Nichts ist zu beweisen.
Nichts ist zu erledigen.
Es ist schon alles erledigt.
Wir haben es nur noch nicht gemerkt.

Möget ihr alle sehr glücklich sein!

Bildnachweis

Leider waren wir nicht in allen Fällen in der Lage, die Inhaber der Urheberrechte ausfindig zu machen. Diejenigen, die wir nicht erreicht haben, bitten wir, sich an den Verlag zu wenden. Für die Abdruckgenehmigung der zur Verfügung gestellten Fotos bedanken wir uns.

Bhante Nyanabodhi: Seite 11, 13, 17, 40, 42, 45, 50, 51, 55, 57, 58, 62, 63, 70, 73, 76, 78, 85, 86, 87, 88, 95, 96, 98, 100, 101, 104, 105, 107, 108, 109, 110, 112, 114, 115, 117, 118, 119, 122, 125, 126, 128, 132, 133, 134;
Ruth Amon-Weede und Volkmar Weede: Seite 14, 16, 18, 21, 22, 30, 31, 37, 38, 46, 48, 49, 56, 59, 65, 77, 79, 89, 91, 113, 124, 129, 137, 140;
Nomi Baumgartl: Seite 19, 20, 23, 39, 41, 43, 80;
Annemarie Buschbaum: Seite 15, 24, 33, 66, 67, 121, 131;
Marlies Kornfeld: Seite 36, 127, 138;
Fritz Reg: Seite 47, 53, 84, 97, 123;